Vorbereitung zum Fest

Lena, Leo und Lukas bereiten ein großes Fest vor. Auf dem Dachboden finden sie viele Dinge, die sie gebrauchen können. Eifrig schleppen sie Stühle in den Garten. Lena hat 4 Stühle gebracht, Leo 7 und Lukas 6. Wie viele Stühle stehen bereits im Garten? Schreibe die Rechnung in die Rechenkästchen.

Lösung

Du konntest vorteilhaft rechnen:

6 + 4 + 7 = 17

17 Stühle stehen bereits im Garten.

Wer hat schon 100 Stühle?

Unsere drei Freunde wollen 100 Gäste einladen.
Wie viele Stühle brauchen sie noch?
Tipp: Beachte Seite 1.

Lösung

100 – 17 = 83

Sie brauchen noch 83 Stühle.

3

Stuhlreihen

Auf ihrem Fest wollen die drei Freunde als Popband auftreten. Lukas spielt Schlagzeug, Lena Gitarre und Leo Keyboard.
Sie stellen ihre 100 Stühle so, dass immer 10 Stühle in einer Reihe stehen. Wie viele Stuhlreihen gibt es?

Lösung

100 : 10 = 10

Es gibt 10 Stuhlreihen.

Knödelesser

Leo, Lena und Lukas haben großen Hunger. Jeder von ihnen isst 2 Knödel. Wie viele Knödel bleiben übrig?

Lösung

$$3 \cdot 2 = 6$$

$$12 - 6 = 6$$

6 Knödel bleiben übrig.

Wer hat Recht?

Lukas behauptet: „Die Bärchenlichterkette ist in der Schachtel rechts neben dem großen Schrank.“ Lena meint: „Das stimmt nicht. Sie ist links neben dem Polsterstuhl.“ Wer hat Recht?

Lösung

Beide haben Recht. Die Bärchenlichterkette liegt in der Schachtel, die zwischen dem großen Schrank und dem Polsterstuhl steht.

Festbeleuchtung

Leo und Lena haben Lichterketten aufgehängt. Sie überprüfen, ob alle Lämpchen leuchten. Insgesamt sind es 60 Lampen. Wie viele Glühbirnen müssen sie kaufen? Wie viele Lämpchen brennen?

Lösung

5 + 8 + 6 = 19

Sie müssen 19 Glühbirnen kaufen.

60 – 19 = 41

41 Lämpchen brennen.

Zahlenrätsel

Wie heißt die Zahl?

Lösung

$$12 : 2 = 6$$

$$3 \cdot 2 = 6$$

Die Zahl heißt 6.

Mit der Straßenbahn unterwegs

In der Straßenbahn sitzen 85 Personen. An der Haltestelle vor dem Einkaufszentrum steigen 47 Personen aus. Stelle die Rechenfrage so, dass sie zur Antwort passt und rechne aus!

____

In der Straßenbahn sitzen noch ☐ Personen.

Lösung

Wie viele Personen sitzen noch in der Straßenbahn?

85 – 47 = 38

In der Straßenbahn sitzen noch 38 Personen.

Bist du ein guter Detektiv?

Die drei Freunde sind beim Einkaufen. Plötzlich ruft Lena: „Da vorne ist Fritz!" „Wo?", fragt Leo. „Na, da bei der Menschengruppe vor dem Schaufenster, der Große hinter dem kleinen Jungen mit dem Lolli!" „Ah, du meinst den neben dem mit der gestreiften Jacke!" „Nein, den rechts von dem Mädchen mit der Jeansjacke!"

Entdeckst du Fritz? Male Fritz an!

Lösung

Beim Einkaufen

Lukas kauft ein. Er kauft 7 große Packungen Kekse zu je 4 € und eine Packung Weingummi für 3 €. Er bezahlt mit einem 50-Euroschein.

Finde die Rechenfrage und rechne aus!

Wie viel müsste er bezahlen, wenn er 2 Packungen Weingummi kauft?

Lösung

Wie viel Geld bekommt Lukas zurück?

7 € · 4 € = 28 €
28 € + 3 € = 31 €
50 € – 31 € = 19 €

Er bekommt 19 € zurück.

28 € + 6 € = 34 €
Er müsste 34 € bezahlen.

Beim Einkaufen

Im Einkaufskorb liegen 57 Lutscher verschiedener Geschmacksrichtungen. Lena legt noch 24 Lutscher mit Erdbeergeschmack dazu, denn die mag sie am liebsten. Stelle die Rechenfrage und rechne aus!

Lösung

Wie viele Lutscher liegen jetzt im Wagen?

57 + 24 = 81

Im Wagen liegen jetzt 81 Lutscher.

Eierkauf

Die drei Freunde wollen eine riesige Torte backen. Lena besorgt frische Eier. Sie kauft doppelt so viele 10er-Schachteln wie 6er-Schachteln. Insgesamt nimmt sie 52 Eier. Wie viele 10er-Schachteln und 6er-Schachteln hat sie gekauft?

Lösung

52 : 10 = 5 Rest 2

Du hast aber Schachteln mit 6 und 10 Eiern.
2 Eier waren nicht vorgesehen.
Die nächste durch 10 teilbare Zahl ist 40.

40 : 10 = 4

Ergibt 4 Schachteln mit 10 Eiern.

52 – 40 = 12

Jetzt geht es, weil 12 durch 6 teilbar ist.

12 : 6 = 2

Sie kauft 2 Schachteln mit 6 Eiern und 4 Schachteln mit 10 Eiern.

Blumenfreund

Schreibe zu dem Bild selbst eine Rechenaufgabe
und rechne aus!

Lösung

In der Vase sind 20 Rosen, Leo kauft 9 Rosen.
Wie viele Rosen bleiben übrig?

20 – 9 = 11

Es bleiben 11 Rosen übrig.

Einladung zum Sommerfest

Einladung zum Sommerfest

Es dürfen alle kommen, die diese Einladung lesen und kommen wollen.
Das Fest beginnt, wenn alle da sind und die Sonne scheint, aber nicht allzu früh, denn auch Langschläfer sind willkommen, zwischen dem zehnten Glockenschlag und dem Mittagsläuten, genau um die Uhrzeit, deren Zahl vorwärts und rückwärts gelesen gleich ist.

Lukas, Lena und Leo

Um wie viel Uhr beginnt das Sommerfest?

____

Lösung

Das Sommerfest beginnt um 11 Uhr.

Zahlenrätsel

Welche Zahl sucht Lena?

Lösung

72 : 8 = 9

Lena sucht die Zahl 72.

Kennst du dich mit Fahrplänen aus?

Die drei Freunde wollen mit dem nächsten Bus fahren.
Wie lange müssen sie noch warten?

Lösung

8:57 Uhr + 8 Minuten = 9:05 Uhr

Sie müssen noch 8 Minuten warten.

Rechnen mit Geld

Lukas bestellt in der Eisdiele Eis für das Fest. Er bestellt 20 Riesenkugeln Schokoladeneis, 15 Riesenkugeln Vanille und 35 Riesenkugeln Erdbeereis. Selbst schleckt er sofort ein Eis mit einer Riesenkugel von jeder Sorte. Wie viel muss er bezahlen?

Lösung

20 € + 15 € + 35 € + 3 € = 73 €

Lukas muss 73 € bezahlen.

Beim Obsthändler

Lena kauft 8 Netze Orangen, 7 Kisten Äpfel und
4 Kisten Birnen. Wie viel muss sie bezahlen?

Lösung

$8 \cdot 2$ € = 16 €
$7 \cdot 5$ € = 35 €
$4 \cdot 6$ € = 24 €

16 € + 35 € + 24 € = 75 €

Lena muss 75€ bezahlen.

An der Kasse

Leo hat eingekauft. Er musste 87,45 € bezahlen. Er gab der Verkäuferin einen 100-€-Schein. Hier siehst du, wie viel Geld sie Leo zurückgegeben hat. Stimmt der Betrag?

Lösung

100 € – 87,45 € = 12,55 €

Der Betrag stimmt nicht. Leo hat 1 € zu viel bekommen.

Bald ist es so weit

Das Fest rückt immer näher. Es soll in 3 Wochen stattfinden. Lena möchte wissen, wie viele Tage sie noch warten muss.

Lösung

$3 \cdot 7 = 21$

Lena muss noch 21 Tage warten.

Unterhaltung für das Fest

Leo und Lukas haben allerlei Sportgeräte besorgt. Sie haben 9 Bälle, 8 Tennisschläger und 6 Säcke zum Sackhüpfen hergerichtet. Wie viele Kinder können gleichzeitig spielen, wenn immer zwei Kinder zusammen spielen?

Lösung

$9 \cdot 2 = 18$

$8 : 2 = 4$

$6 \cdot 2 = 12$

$18 + 4 + 12 = 34$

34 Kinder können gleichzeitig spielen.

Längenmaße vergleichen

Die Spiele für ihr Fest probieren die drei Freunde vorher alle aus. Heute üben sie Weitspringen.
Der Pfeil ⟶ bedeutet „weiter als“.
Zeichne die Pfeile ein!

Lösung

Zahlenrätsel

Welche Zahl ist größer?

Leo:

Lukas:

Lena:

Lösung

Leo: **5 · 2 = 10**

Lukas: **28 : 2 = 14** **14 – 4 = 10**

Lena: **20 – 10 = 10**

Alle drei Zahlen sind gleich groß.

Kannst du das Einmaleins?

Die Getränke für das Fest werden geliefert. Sie bekommen 8 Kartons Apfelsaft, 9 Kartons Orangensaft, 5 Kästen Mineralwasser und 10 Kästen mit Erdbeerlimo.
Wie viele Flaschen von jeder Sorte sind das?

Lösung

$8 \cdot 6 = 48$

$9 \cdot 6 = 54$

$10 \cdot 5 = 50$

$2 \cdot 5 = 10$

$50 + 10 = 60$

$10 \cdot 10 = 100$

Vergleichen von Mengen

Du weißt, wie viele Getränkeflaschen von jeder Sorte geliefert wurden.
Der Pfeil ⟶ bedeutet „weniger als".
Trage die Pfeile ein!

Lösung

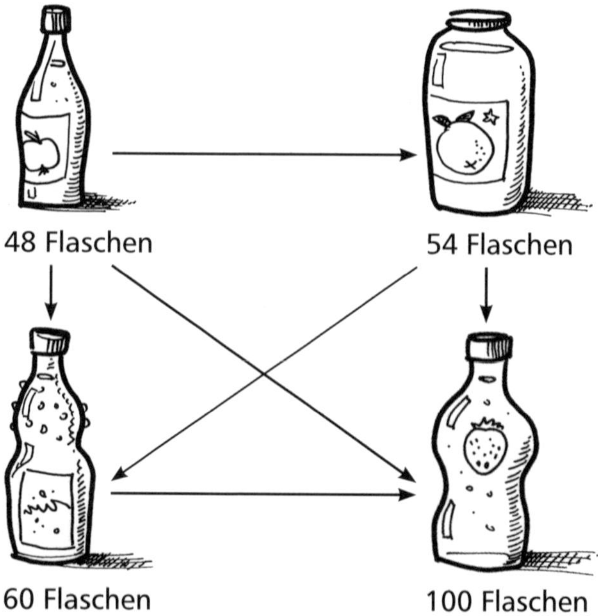

Längenmaße

Die Riesentorte zum Fest ist fertig. Um die letzte Verzierung anzubringen, braucht Leo eine Leiter, so hoch ist sie geworden. Wie hoch ist die Torte?

Lösung

18 cm + 16 cm + 14 cm + 12 cm + 20 cm + 20 cm
= 100 cm = 1 m

Die Torte ist 1 m hoch.

So viele Früchte

Lukas und Lena verteilen 64 Äpfel, 48 Birnen und 72 Orangen gleichmäßig auf 8 Obstkörbe. Wie viele Früchte kommen von jeder Sorte in einen Korb?

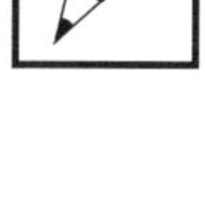

Wie viele Früchte liegen insgesamt in einem Obstkorb?

Lösung

64 : 8 = 8

48 : 8 = 6

72 : 8 = 9

In einen Korb kommen 8 Äpfel, 6 Birnen und 9 Orangen.

8 + 6 + 9 = 23

Insgesamt liegen 23 Früchte in einem Obstkorb.

Lena als Dekorateurin

Lena schmückt die Tische. Auf jeden Tisch stellt sie eine Blumenvase mit 5 Rosen und 7 Kerzen. Wie viele Kerzen und Rosen braucht sie, wenn es 10 Tische sind?

Lösung

$5 \cdot 10 = 50$

$7 \cdot 10 = 70$

Sie braucht 50 Rosen und 70 Kerzen.

Tischkarte

Die drei Freunde basteln für jeden Gast eine Tischkarte. Du kannst für dich und deine Gäste beim nächsten Geburtstag auch eine Tischkarte basteln.

Du brauchst Tonpapier, Schere, Lineal und Bleistift.
Zeichne auf das Papier ein Rechteck in der Größe 10 cm x 6 cm. Schneide das Rechteck aus und falte es der Länge nach. Klappe dein Kärtchen wieder auf und zeichne über die Faltlinie hinweg eine Figur auf.

Schneide den oberen Teil der Figur bis zur Faltlinie aus.
Klappe jetzt die Karte wieder zusammen und stelle sie auf den Tisch.
Vergiss nicht den Namen des Kindes, für das die Karte bestimmt ist.

Hier findest du die Sommerfestkarte. Du kannst sie ausschneiden und als Vorlage verwenden.

Zahlenrätsel

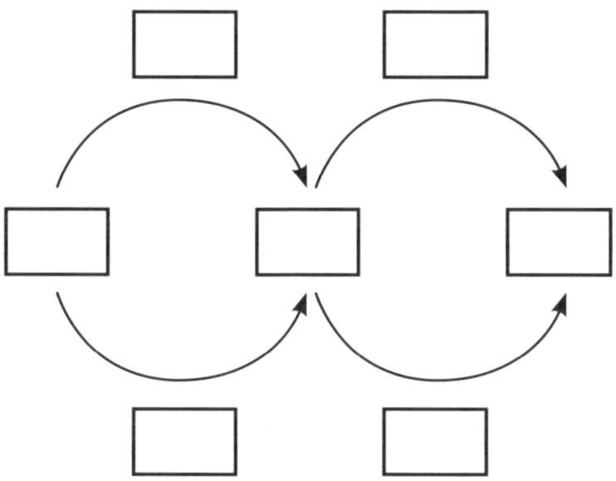

Die Zahl heißt ____ .

Wie heißt die Zahl von Leo?

Lösung

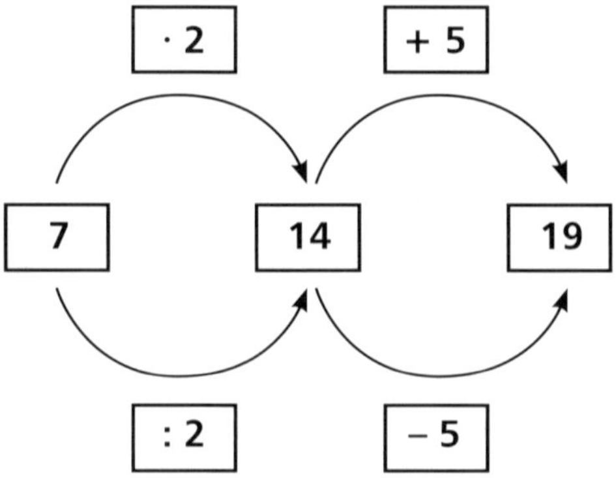

Die Zahl heißt 7.

Das Fest beginnt

Endlich ist es so weit! Das Fest beginnt. Es sind 48 Mädchen und 45 Jungen gekommen.
Wie viele Personen sind nun im Garten von Leo, Lena und Lukas? Vergiss die Gastgeber nicht!

Lösung

48 + 45 + 3 = 96

Im Garten von Leo, Lena und Lukas sind 96 Personen.

Lukas als Grillmeister

Lukas grillt 57 Würstchen. 39 wurden schon gegessen. Stelle die Rechenfrage und rechne aus.

Wie viele Brötchen werden für die restlichen Würstchen gebraucht, wenn immer zwei Bratwürste in ein Brötchen kommen?

Lösung

Wie viele Würstchen sind noch übrig?

57 – 39 = 18

18 Würstchen sind noch übrig.

18 : 2 = 9

Es werden noch 9 Brötchen gebraucht.

33

Festmahl

Lena hatte einen Teil der Torte aufgeschnitten. Das ergab 52 Tortenstücke. Innerhalb weniger Minuten waren sie aufgegessen.
Wie viele Gäste haben Torte gegessen, wenn jeder von ihnen 2 Stücke verdrückt hat?

Lösung

52 : 2 = 26

oder **50 : 2 = 25** **2 : 2 = 1** **25 + 1 = 26**

26 Gäste haben Torte gegessen.

Luftballonschießen

Eines der beliebtesten Spiele auf dem Fest ist das Luftballonschießen, denn für jeden Treffer erhält man die doppelte Menge Bonbons der Zahl, die auf dem abgeschossenen Ballon steht.
Lena hat den Luftballon mit der Zahl 2 getroffen.
Sie bekommt 4 Bonbons.
Wie viele Bonbons erhalten Leo und Lukas?

Lösung

$9 \cdot 2 = 18$

$11 \cdot 2 = 22$

Leo erhält 18 Bonbons, Lukas bekommt 22.

Personensuche

Lukas gefällt ein Mädchen besonders gut. Es ist die mit den kurzen Haaren, hinter dem Jungen mit der Schildmütze, neben dem Mädchen mit dem gestreiften Pulli. Sie trägt keine Mütze, aber eine Kette und hat keinen Rucksack. Neben ihr steht der Junge mit dem Rucksack, der aber kein T-Shirt anhat. Sie steht vor dem Mädchen, das keine kurzen Haare hat. Male das Mädchen an, das Lukas so gut gefällt!

Lösung

Schnitzeljagd

Eine Schnitzeljagd durch die Stadt ist ein weiterer Höhepunkt auf dem Sommerfest. Von den 96 anwesenden Personen nehmen 55 daran teil. Sie verteilen sich auf 5er-Gruppen.
Wie viele Gruppen starten?

Lösung

55 : 5 = 11

Es starten 11 Gruppen.

Zahlenbild

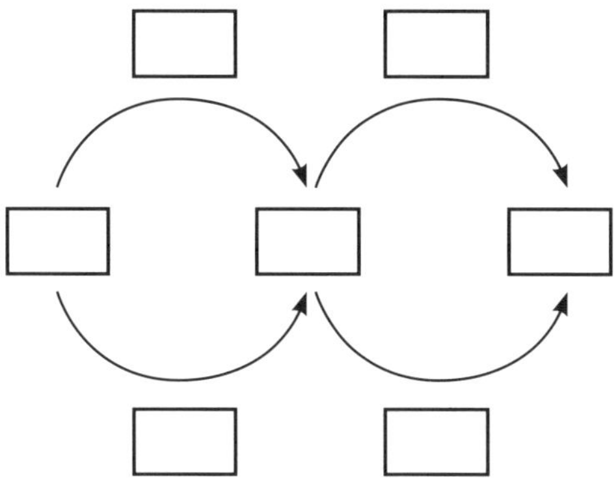

Die Zahl heißt ☐.

Wie heißt die Zahl von Lukas?

Lösung

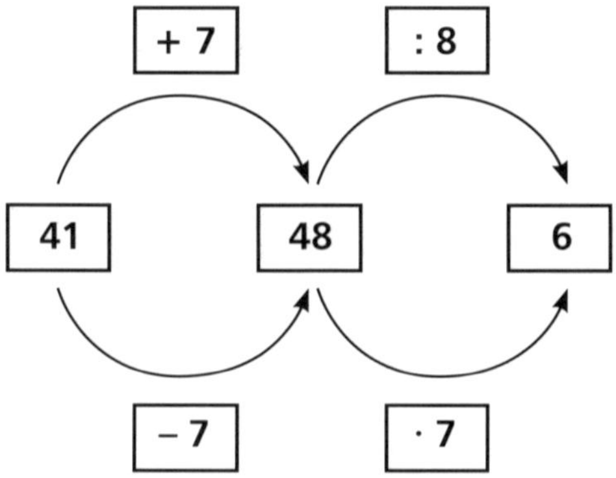

Die Zahl heißt 41.

Verwandlungskünstler

Unsere drei Freunde sind hervorragende Gastgeber. Kein Kind soll sich auf ihrem Fest langweilen. Während ein Teil ihrer Gäste auf Schnitzeljagd ist, unterhalten sie diejenigen, die im Garten geblieben sind, indem sie sich als Tiere verkleiden.
Lena hat sich 2 Meter groß gemacht, Lukas um die Hälfte größer und Leo übertrifft alle beide. Er ist dreimal so groß wie Lena und zweimal so groß wie Lukas.
Wie groß sind Leo und Lukas?

Lösung

2 m +1 m = 3 m

2 m ·3 = 6 m

Lukas misst 3 m und Leo 6 m.

Uhrzeit

Die Schnitzeljagd begann um 15.00 Uhr.
Die ersten vier Gruppen sind bereits zurückgekommen.

Gruppe  kam um 17.00 Uhr

Gruppe  kam um 16.30 Uhr

Gruppe  kam um 17.30 Uhr

Gruppe  kam um 18.00 Uhr

Welche Gruppe war am schnellsten?

____

Welche Gruppe war am langsamsten?

____

Welche Gruppe belegt Platz drei?

____

Lösung

Welche Gruppe war am schnellsten?

Gruppe  .

Welche Gruppe war am langsamsten?

Gruppe  .

Welche Gruppe belegt Platz drei?

Gruppe  .

Träume süß

Alle Gäste sind weg. Müde fallen unsere drei Freunde in die Betten. Sofort schlafen sie ein und bald träumen sie selig.
Von welchem Tag träumen unsere drei Freunde?

____

____

Lösung

Sie träumen von Samstag, dem 1. August.